INAUGURATION

DU

BUSTE DE DELPECH

DANS LA

FACULTÉ DE MÉDECINE DE MONTPELLIER

Le 23 novembre 1882.

MONTPELLIER
CAMILLE COULET, Libraire-Éditeur
LIBRAIRE DE LA BIBLIOTHÈQUE UNIVERSITAIRE, DE L'ÉCOLE D'AGRICULTURE ET DE
L'ACADÉMIE DES SCIENCES ET LETTRES
GRAND'RUE, 5.

—

1882

INAUGURATION

DU

BUSTE DE DELPECH

DANS LA

FACULTÉ DE MÉDECINE DE MONTPELLIER

Le 23 novembre 1882.

MONTPELLIER
CAMILLE COULET, Libraire-Éditeur
LIBRAIRE DE LA BIBLIOTHÈQUE UNIVERSITAIRE, DE L'ÉCOLE D'AGRICULTURE ET DE
L'ACADÉMIE DES SCIENCES ET LETTRES
GRAND'RUE, 5.

—

1882

INAUGURATION DU BUSTE DE DELPECH

L'École de Médecine de Montpellier s'est toujours distinguée par le soin jaloux avec lequel elle conserve ses souvenirs, par l'espèce de culte dont elle honore la mémoire des hommes qui l'ont illustrée. Ce culte, d'ailleurs, n'a rien d'exclusif, et tous ceux qui depuis Hippocrate ont voué leur vie à la cause de l'humanité reçoivent d'elle, quelle que soit leur origine, les hommages dus à leurs éminents services : témoin cette magnifique collection de bustes des médecins célèbres qui, naguère encore enfouie et soustraite aux regards dans une salle basse et obscure, a été installée au grand jour par M. le Doyen Benoît, et décore si heureusement aujourd'hui le grand vestibule de la Faculté, montrant, à côté de Barthez et de Lordat, ces colonnes de la science qui se nomment Celse, Dioscoride, Ambroise Paré, Vésale, Mauriceau, Morgagni, Haller, etc.

Héritière de cette admirable doctrine hippocratique toujours debout malgré tant d'attaques, qui a vu passer tant d'autres systèmes aujourd'hui tombés dans le néant, et à laquelle plus d'une fois ses adversaires mêmes sont obligés de se rallier, notre Faculté aime à remonter, comme au travers de traditions de famille impérissables, jusqu'aux ancêtres qui la lui ont léguée, et elle se plaît dans la contemplation de son antique arbre généalogique, dont l'ancienneté atteste la vigueur. Aussi est-elle la seule peut-être qui puisse montrer, avec une légitime fierté, cette incomparable collection de portraits de ses Professeurs, dont la succession ininterrompue prend sa source dans une origine plusieurs fois séculaire. En sorte que par son enseignement aussi bien que par de véritables souvenirs de famille, elle conserve précieusement la mémoire des Maîtres qui ont élevé si haut sa renommée, les préservant ainsi par une double immortalité, pour ainsi dire, contre l'action du temps et contre l'oubli des hommes.

Mais, parmi ces Maîtres, il en est qui ont laissé de leur passage dans l'École des traces plus profondes que d'autres, il en est dont Montpellier s'enorgueillit d'une manière toute spéciale, dont plus volontiers elle redit le nom et rappelle la supériorité: ainsi, dans une ancienne famille, on aime à constater la pureté de la race chez certains de ses rejetons reproduisant plus particulièrement les qualités physiques ou morales qui ont fait le renom de leurs aïeux. Si la spontanéité et l'originalité des œuvres sont bien réellement une des caractéristiques du génie, Delpech est à cet égard une des plus originales et des plus grandes figures qui appartiennent à l'histoire de notre École.

C'était donc une importante solennité, due à l'initiative de notre Doyen, qui réunissait, le 23 novembre 1882, toute la famille médicale de Montpellier dans la salle des Actes pour assister à l'inauguration du buste de Delpech. M. le Doyen Benoît, désirant compléter autant que possible la collection des bustes représentant nos Maîtres célèbres, l'avait demandé aux fils de Delpech. Ceux-ci, par leur présence à la cérémonie, en rendaient la signification encore plus touchante. Unissant à un juste sentiment de piété filiale un noble élan de reconnaissance envers la patrie scientifique de leur père, ils ont compris qu'une œuvre d'art magistrale rappelant son image devait occuper, au théâtre même de sa gloire, une place digne de la renommée qu'il y avait acquise et de l'illustration qu'il lui avait apportée.

Ce n'était pas assez en effet, pour Delpech, que la ville de Toulouse eût élevé à l'un de ses plus illustres enfants le buste inauguré il y a dix ans dans une des salles de son Capitole ; ce n'était pas assez surtout pour Montpellier d'avoir inscrit le nom de Delpech à l'entrée d'une de ses rues les plus fréquentées : Toulouse a donné la vie à Delpech ; Montpellier lui a conféré l'immortalité.

Le buste avait été provisoirement placé, pour la circonstance, dans cette belle salle qui s'appelait autrefois le sanctuaire d'Hippocrate, et que décorent les portraits des Professeurs décédés depuis le commencement de ce siècle, et pour la plupart contemporains ou disciples de Delpech. Enfin, et pour qu'il fût tout à fait chez lui en quelque sorte, on pouvait remarquer encore quelques-uns de ses élèves parmi les Maîtres actuels de l'École, qui sont venus, dans leur riche et imposant costume, et suivis des Agrégés en robe, compléter à l'heure fixée l'assistance nombreuse et impatiente qui se pressait dans la salle. N'oublions pas de noter que plusieurs dames de notre ville, qui savent se plaire aux grandes fêtes de l'intelligence, étaient venues y ajouter le charme de leur gracieuse présence.

M. le Doyen Benoît déclare la séance ouverte : le buste du Maître, dû à M. Falguières, et qui reproduit en terre cuite le marbre exécuté par le même artiste pour Toulouse, est salué, au moment où tombe le voile qui le recouvrait, par des applaudissements unanimes. C'est une œuvre d'art d'une réelle beauté. Le grand chirurgien de Montpellier, l'émule de Dupuytren, y est représenté dans une attitude pensive, la tête un peu inclinée à droite, le regard observateur et pénétrant, et avec l'expression profondément attentive d'un homme habitué à arracher à la nature ses secrets les plus cachés. La tête, nue, est garnie de cheveux bien groupés, et les épaules sont recouvertes avec beaucoup d'art et de naturel par la grande pèlerine à deux rangs d'hermine des professeurs de Montpellier. La hauteur totale du buste est de 85 centimètres.

M. Benoît prend la parole, et, dans un langage élevé et chaleureux, expose le but de la cérémonie et rappelle sommairement les principaux titres de Delpech à l'admiration de la postérité. Après lui, M. le professeur Dubrueil, titulaire actuel de la chaire de Delpech, retrace, avec toute la compétence et le talent du digne successeur d'un tel Maître, le mérite et la grandeur de son œuvre scientifique. Nous ne dirons rien de plus de ces deux discours, qui ont été interrompus par de fréquents applaudissements, et que le lecteur trouvera ci-dessous ; mais nous tenons à consigner ici la vive impression produite sur l'assemblée par la péroraison de M. Dubrueil, qui a su communiquer à ses auditeurs l'émotion profonde dont il n'était pas le maître, et remuer leurs plus généreux sentiments lorsqu'il a évoqué la mémoire du professeur Dubrueil père et exprimé d'une voix attendrie les sentiments de reconnaissance filiale qu'il doit personnellement à Delpech.

L. DUMAS.

Discours de M. le Professeur BENOIT,

DOYEN DE LA FACULTÉ DE MÉDECINE.

MESSIEURS,

Il est juste, il est salutaire que des hommages publics soient rendus à la mémoire des hommes qui ont écrit leur nom dans l'histoire en ouvrant au progrès des voies nouvelles, en dominant les esprits de leur temps par la supériorité de leurs conceptions et par leurs œuvres.

Il serait désirable que la statuaire, trop souvent appelée à immortaliser des gloires moins bienfaisantes, accordât libéralement son concours aux élans de la reconnaissance publique et à cette loi de justice qui réclame le tribut d'une vénération posthume pour ceux qui furent des initiateurs, et qui sont restés des maîtres et des modèles.

Ce désir, dont je me fais l'interprète, vous explique, Messieurs, l'empressement avec lequel nous avons profité du remaniement partiel des locaux de notre Faculté, pour exposer au grand jour les bustes que le Professeur et Doyen Lordat avait élevés sur des cippes, comme ornement expressif d'une salle où il voulait symboliser les différentes partitions de la médecine.

Ces bustes, offrant une réelle valeur artistique, ont été exhumés d'un lieu désormais relégué à l'arrière-plan. Nous les avons installés dans notre vestibule, sous l'unique sauvegarde du respect religieux qu'une jeunesse studieuse et bien élevée professera toujours pour les grandes figures du passé, pour le souvenir des représentants de la Science qu'elle cultive.

Mais que de lacunes nous voudrions pouvoir combler, que d'hommes éminents mériteraient de prendre place dans cette galerie !

Notre Faculté n'a-t-elle pas spécialement le regret d'y constater des vides que rempliraient si justement tant de nos illustres ancêtres ?

Notre Jardin des Plantes présente à nos yeux les bustes des professeurs dont l'histoire de la Botanique a consacré la renommée. Mais ici, que de médecins, de physiologistes, de savants célèbres à divers titres, dont nous n'avons que des images imparfaites et périssables, et que devraient faire revivre des monuments plus dignes de leur gloire !

Une lacune entre toutes était des plus regrettables.

Vers le début du présent siècle, le 25 septembre 1812, un homme, justement fier des suffrages qu'il avait conquis dans une lutte aussi remarquable par la difficulté des épreuves que par le mérite des compétiteurs, vint prendre rang parmi les professeurs de notre Faculté.

Il portait en lui cette puissance du Génie qui observe avec sagacité et féconde l'observation, qui synthétise les détails, en établit les lois, accroît les richesses acquises, et sème avec une ardente passion des germes dont l'avenir verra l'éclosion et le développement.

Cet homme était Jacques-Mathieu DELPECH, né à Toulouse, le 2 octobre 1777. Pendant vingt années, et jusqu'au jour où une main criminelle l'arrêta dans sa brillante carrière, il fut l'honneur de notre profession en s'emparant fortement et sans délai de l'estime et de la confiance publiques, et il jeta sur notre Ecole, par son enseignement et par ses écrits, le reflet d'une gloire non contestée même par ses rivaux.

Il ouvrit parmi nous, à l'art chirurgical, une ère d'affranchissement, en dégageant les principes qui le dirigent, en l'inspirant des connaissances médicales qui l'ennoblissent et en assurent le succès.

Portant sa ferveur jusqu'à l'enthousiasme doué du coup d'œil, de la hardiesse et de l'habileté qui surmontent les obstacles, il exaltait l'avenir de la Chirurgie, et il agissait en raison de l'intensité de ses convictions, dont le temps et les fruits recueillis ont démontré les solides bases.

Ses auditeurs étaient impressionnés par les qualités qu'il manifestait dans les discussions, par la fécondité de ses arguments, par leur valeur sérieuse et leur enchaînement logique.

Ce jugement est reproduit dans tous les écrits émanés des témoins de son activité professorale.

Chez lui, le Chirurgien dominait la vie pratique ; mais, sans prétendre embrasser tous les domaines, il ne demeurait étranger à aucune des manifestations de l'esprit humain. Les lettres et les arts étaient ses utiles délassements et lui permettaient d'occuper toujours dans le monde une place digne de lui.

Il ne sera presque jamais donné à personne d'exceller dans plusieurs genres ; mais, tout en concentrant sur un point déterminé sa compétence supérieure, il est bon, pour le médecin peut-être plus que pour tout autre, de s'appliquer cette maxime classique : *In uno habitandum, in ceteris versandum.*

Dans le double domaine de la Science et de la pratique chirurgicale, Delpech restera comme un exemple fortifiant pour tous ceux qui mesurent la hauteur de l'art, pour ceux qui cherchent par un opiniâtre labeur à posséder la vraie Science, cette Science utile, pleine d'attraits et d'ineffables satisfactions, et qui ne féconde que les intelligences qui s'en montrent dignes.

Messieurs, dix-huit ans se sont écoulés depuis le jour où, sous l'active et généreuse impulsion de mon éminent Collègue M. Bouisson, et avec le concours d'hommes voués au culte des grandes mémoires, nous avons élevé une statue à Lapeyronie et une statue à Barthez.

L'antiquité payenne plaçait dans la demeure domestique les images de ses Dieux protecteurs : nous avons aussi placé au seuil de notre Sanctuaire médical les images de deux hommes dont le souvenir protège notre institution par la gloire dont ils ont vécu, et par les engagements que lèguent les aïeux aux héritiers de leur patrimoine.

Lapeyronie et Delpech ne devraient-ils pas être ici également participants des mêmes honneurs ?

Le premier fut le libérateur de la Chirurgie française. Il brisa les chaînes qui la retenaient dans un honteux servage ; il la retira en quelque sorte d'une région d'exil, close de murs impénétrables. La séparant des métiers dédaignés, il l'associa à la Médecine et la fit son égale, ou plutôt son complément. Nouveau Mécène, il la protégea en tout lieu, et Montpellier conserve la trace de ses bienfaits. Il créa cette immortelle Académie qui commença la systématisation de la Science et assigna l'expérience raisonnée comme base de l'art de prédilection de son fondateur.

Le second secoua parmi nous le joug d'humiliantes routines. Il rendit aussi à la Chirurgie sa dignité naturelle et son rang depuis longtemps méconnu. Impatient des étroitesses, avide de révélations profitables, il créa dans notre Midi cette nouvelle École chirurgicale qui, dans sa complète indépendance et avec son esprit scientifique, n'a cessé de grandir et de s'imposer à la reconnaissance de tous.

Avant Delpech, la Chirurgie demeurait terne, sommeillante, presque étrangère à la loi du progrès. Elle n'était ici, comme en beaucoup d'autres lieux, qu'un écho affaibli de l'Académie du XVIIIe siècle. — Delpech l'ouvrit aux réformes nécessaires. Il lui apporta ce qui lui manquait : la lumière et la vie. Jusque-là, subordonnée et traditionnelle, on la vit rajeunir et prendre un libre essor dans le courant où l'entraîna son génie.

On le suivait, parce qu'on admirait en lui la faculté d'atteindre à une véritable éloquence dans l'élan de l'improvisation, aussi bien que le pouvoir d'exposer magistralement et avec patience les détails minutieux d'une analyse scientifique et de sonder tous les problèmes que le doute propose aux esprits chercheurs.

Pour apprécier l'œuvre de Delpech, placez-le dans son milieu, comparez-le avec ses contemporains ; — c'est la comparaison, c'est le contraste qui classent les hommes : — vous aurez la preuve qu'on dut, à son apparition, se sentir à l'aurore d'un progrès indéniable, et qu'on put entrevoir un avenir dont Delpech ne tarda pas à réaliser les promesses.

La tradition rapporte qu'il rencontra des oppositions tenaces, des hostilités envieuses : — le mérite supérieur peut-il échapper à une pareille sanction ? — mais rien n'arrêta sa marche dans la voie large et attrayante qui s'ouvrait devant lui ; et aujourd'hui, le temps agissant comme la distance, qui efface les petites choses pour ne détacher que les grands reliefs, nous n'avons à constater que les résultats dus au souffle inspirateur du Maître.

De nombreux élèves, de futurs successeurs, respirant dans cette atmosphère de progrès, gravitèrent autour du centre qu'il avait créé, et d'où s'irradièrent dans le corps des praticiens et des savants des influences illimitées en durée et en étendue.

Nul ne fut plus prodigue de lui-même ; nul, en grandissant toujours, ne parut avoir mieux compris ni mieux cherché à rendre vraie cette affirmation de Leibnitz, basée sur le profit personnel que nous retirons de notre travail pour tous : L'homme est une force active, et l'expansion de son activité est un exercice de perfection.

N'oublions donc jamais, Messieurs, notre dette de reconnaissance envers le vaillant rénovateur de la Chirurgie montpelliéraine.

Delpech mourut en pleine jouissance d'une grande renommée, à l'heure où, chef d'École, sans rival à redouter, il touchait à ce point culminant où se trouve la couronne réservée aux hommes d'élite. Mais ses traditions et ses ouvrages ont continué son existence.

Le professeur Dubrueil, à qui je vais céder la parole, évoquera de féconds souvenirs ; il vous dira, dans un court résumé, les titres de Delpech à notre admiration reconnaissante. Nul n'est mieux qualifié pour parler de Delpech avec une justice sympathique, que l'héritier de sa chaire, le fils de celui qui fut son collègue et son ami.

Quant à moi, Messieurs, en attendant qu'un hommage plus solennel soit rendu à cet illustre Maître, je considère comme un honneur pour mon Décanat d'avoir, à un demi-siècle de distance, pris l'initiative de cette tardive réparation, et de présider à l'inauguration qui nous réunit aujourd'hui dans un même sentiment.

Je remercie les dignes fils de Delpech d'avoir fait à ma demande un généreux accueil en me permettant d'exposer dans cette enceinte privilégiée le buste de leur père, sorti des mains d'un artiste renommé. M. Falguières, grand-prix de Rome, membre de l'Académie et professeur de sculpture à l'École nationale des Beaux-Arts, l'a fidèlement copié sur une première œuvre fort remarquable, due à son ciseau, sur le buste en marbre qui décore la salle des Illustres du Capitole de Toulouse, et dont l'inauguration, en 1872, fut une véritable fête publique.

En terminant, c'est à vous que je m'adresse tout spécialement, Messieurs et chers Élèves, à vous qui êtes l'avenir.

Ne vous contentez point d'honorer les morts illustres. Ils ont commencé à tracer des sillons qui n'ont pas de limites, à bâtir un édifice toujours inachevé. Après avoir marqué dignement votre place au milieu de la Société qui vous attend, exaltez la passion du devoir ; allez plus loin, montez plus haut.

Au frontispice des Mémoires de l'ancienne Société royale des Sciences de Montpellier se trouve, étalée dans un dessin, cette belle devise, qu'un aigle, aux ailes largement déployées, élève dans les airs :

De plano in altum.

Devise fière et saisissante, attestant la ferme volonté de vigoureuses intelligences pour découvrir des horizons nouveaux et pour travailler à restreindre le champ de l'inconnu.

Avec Delpech, avec tous les hommes que bénit la postérité, et qui ont obéi, par instinct ou par réflexion, à ce besoin des nobles esprits, acceptez-la comme l'expression d'une ambition commandée par votre nature.

A la science que vous cueillez aujourd'hui sans peine aux leçons de vos Maîtres, et qui vous offre un aliment intellectuel facile à assimiler, disposez-vous à ajouter le fruit de vos propres méditations et de vos propres recherches.

Unissez la puissance du travail à celle de l'intelligence, fortifiez sans cesse le ressort de vos bonnes volontés. Ne pourriez-vous apporter un jour, en faits ou en pensées, que la valeur d'un grain de sable à la construction de l'édifice, que vous payerez ce tribut afin d'être comptés au premier rang des hommes utiles.

En contemplant l'image de ceux qui ont gravi les hauts sommets et qui personnifient glorieusement le progrès, faites avec courage la promesse de vivre, à un degré quelconque, solidaires et continuateurs de leur œuvre : — *De plano in altum*.

Ce sera votre honneur, comme c'est notre devoir à nous, de vous préparer à remplir cette tâche supérieure, d'autant plus méritoire qu'elle sera volontaire, et de donner un but à vos efforts, en vous initiant à la science faite, et en vous montrant ce qui nous reste à faire pour approcher de mieux en mieux de ces Maîtres qui nous regardent et qui nous parlent éloquemment par leur exemple.

Discours de M. le Professeur DUBRUEIL.

Messieurs,

L'hommage que nous rendons aujourd'hui à un des Professeurs les plus illustres de notre Faculté peut paraître de prime abord avoir quelque chose de tardif et d'inopportun, et l'on pense peut-être que tout est dit sur Delpech, depuis cinquante ans qu'une mort cruelle l'a frappé et après que des voix éloquentes ont prononcé son éloge, ici même, au Capitole de Toulouse, à l'Académie de Médecine.

Il n'en est rien, et l'heure présente est au contraire heureusement choisie pour célébrer une mémoire à qui le temps, au lieu d'apporter l'indifférence et l'oubli, ajoute une consécration nouvelle, pour louer celui dans les œuvres duquel la Chirurgie contemporaine semble puiser ses règles et sa conduite.

C'est qu'il a été donné à Delpech d'être l'inventeur ou l'apôtre de ces vérités que les années finissent par confirmer, en leur donnant l'appui de l'expérience et de l'observation, de ces vérités que l'on peut méconnaître un instant, mais qui tôt ou tard rayonnent dans tout leur éclat.

La Chirurgie tout entière n'est-elle pas dominée aujourd'hui par le fait de l'influence des diathèses, des états généraux sur l'état local, et ne voyons-nous pas un des Maîtres les plus justement renommés de la Faculté de Paris consacrer les efforts de son intelligence d'élite à mettre en relief cette influence à la préciser ?

Ces idées, Messieurs, se trouvent à chaque pas dans les œuvres de Delpech, dont elles ont toujours inspiré la pratique. Elles sont exposées dans le Discours préliminaire de son *Traité de Chirurgie* et résumées dans la phrase suivante : « Quelle est la maladie réputée chirurgicale qui ne se trouve pas nécessairement unie à quelque désordre général ? Dans combien de cas n'est-elle pas un symptôme d'une affection qui intéresse toute la constitution ? »

Un Mémoire intitulé : *Réflexions sur l'étude des épidémies*, et inséré dans le *Mémorial des Hôpitaux du Midi*, contient un exposé magistral des mêmes doctrines.

Pouvait-il du reste en être autrement dans une école pleine de l'enseignement de Barthez et de Bérard ?

Et cette réunion immédiate contre laquelle on s'est tant élevé, et qui est aujourd'hui devenue le complément presque inséparable de la plupart des opérations, Delpech ne l'a-t-il pas énergiquement défendue, alors que Dupuytren la battait en brèche, et n'a-t-il pas établi l'importance et l'utilité des sutures, que voulait proscrire l'Académie de Chirurgie ?

C'est lui qui a signalé les déformations thoraciques consécutives à l'empyème, qui a démontré les propriétés rétractiles du tissu cicatriciel, enseigné quel parti on pouvait tirer de ces propriétés dans un but curatif, et comment on pouvait remédier aux difformités produites par ce tissu.

Le premier, il a rattaché à une altération tuberculeuse des vertèbres la maladie du rachis, décrite par Pott et que l'on croyait être due à la carie.

L'ablation de l'utérus, dont certains chirurgiens de nos jours font tant de bruit, Delpech ne l'avait-il pas pratiquée, et pratiquée avec succès ?

La taille bilatérale, la taille de Celse, le professeur de Montpellier en avait tracé le manuel opératoire avant que Dupuytren la vulgarisât.

Le Mémoire traitant de la pourriture d'hôpital, où sont décrites deux formes nouvelles, la forme ulcéreuse et la forme hémorrhagique, où est affirmée l'utilité du cautère actuel, n'a guère rien laissé à dire de neuf sur ce sujet.

Je devrais encore citer les travaux de Delpech sur l'inflammation, les kystes, les maladies vénériennes, l'éléphantiasis, la rhinoplastie, sur le trichiasis, l'anus artificiel, l'artérite et la gangrène momifique, la suppuration, sa source et ses conséquences, et tant d'autres sujets que je ne puis tous énumérer et dont le nombre suffirait à prouver l'activité féconde de l'auteur.

Le *Traité de l'Orthomorphie* est un des plus précieux monuments qu'il ait légués à la postérité.

Publié à une époque où l'orthopédie était encore entre les mains des empiriques et des charlatans, ce livre l'a du premier coup élevée à la hauteur d'une science.

Ici se place une des plus importantes inventions de celui dont nous honorons aujourd'hui la mémoire ; je veux parler de la ténotomie sous-cutanée.

C'est en vain que des critiques injustes ont voulu rabaisser la gloire de Delpech en disant qu'il n'avait fait la ténotomie sous-cutanée que d'une façon en quelque sorte inconsciente. Il suffit, pour s'assurer du contraire, de lire entre autres la phrase suivante du Mémoire sur les pieds-bots : « Le tendon d'Achille pouvait être coupé dans son entier, plus ou moins près du talon, même en laissant subsister la peau qui le recouvre, et par conséquent sans le laisser exposé au contact de l'air et des pièces d'appareils ».

La production d'un néo-tendon formé à l'abri du contact de l'air faisait bien partie du plan du nouveau traitement.

Le chirurgien de Montpellier avait fondé un Établissement

orthopédique, le premier de ce genre qu'ait eu la France, où il avait réuni tous les moyens que l'on peut appliquer à la restauration des difformités, au rétablissement des santés débiles.

Gymnase d'hiver, gymnase d'été, construits suivant des données vraiment scientifiques, piscines spacieuses, vastes jardins ; tout en un mot dans cette installation accusait l'esprit du créateur, qui voyait là, non pas une source de profit, mais une occasion d'appliquer le résultat de ses travaux, ses découvertes, et de satisfaire ses instincts humanitaires.

Aussi n'avait-il reculé devant aucun sacrifice pour doter cet Établissement d'un personnel d'élite, apte à exercer sur les jeunes malades la plus paternelle et la plus exacte surveillance, à leur procurer le bien-être, à maintenir un ordre rigoureux, à assurer d'une façon parfaite la dignité de l'institution.

Le *Traité des maladies réputées chirurgicales*, la *Chirurgie clinique*, l'*Orthomorphie*, la traduction du Traité de Scarpa sur l'*Anévrisme*, de nombreux et importants mémoires, des articles, des analyses insérés dans le *Mémorial des Hôpitaux du Midi*, la *Revue médicale*, les *Archives de Médecine*, le *Dictionnaire* en 60 et les *Recueils* de plusieurs Sociétés savantes : voilà ce qu'a laissé Delpech.

Coste a publié un travail d'embryogénie dont l'initiative appartient tout entière au professeur dont il avait été le chef de clinique, et c'est à lui qu'il doit d'être entré dans une voie qui l'a conduit à une haute position et à une grande renommée.

Par une heureuse alliance, Delpech sut réunir à la fois la culture des idées philosophiques dans ce qu'elles ont de plus large et de plus élevé, et l'observation attentive des phénomènes et des faits pratiques dans ce qu'elle a de plus minutieux et de plus précis.

Le *Mémorial des Hôpitaux du Midi*, dont il fut le fondateur et le directeur, et à la rédaction duquel il a tant contribué, est en grande partie consacré à la clinique, et cette publication eût suffi à elle seule pour faire justice du reproche qu'on adressait à notre Faculté, de ne savoir pas descendre des hauteurs de la spéculation.

Delpech y a inséré des travaux qui donnent une haute idée de sa valeur comme médecin, témoins le Mémoire sur l'empyème et les observations de fièvre intermittente à forme rare, entre autres à forme hémorrhagique.

Le *Traité des maladies réputées chirurgicales* fournit à chaque instant la preuve de ses connaissances en médecine.

Peu de temps avant sa mort, en 1832, il avait été en Angleterre et en Écosse étudier le choléra, qui menaçait la France, où il ne tarda pas à faire de si nombreuses victimes.

De ce voyage entrepris d'une façon toute spontanée et dans des conditions qui honorent à la fois l'homme et le savant, Delpech rapportait sur la nature du fléau des idées que le temps a confirmées et qui étaient en opposition avec celles de son époque.

D'un zèle infatigable, d'une exactitude exemplaire, ne négligeant aucun moyen d'instruire ses élèves et de se mettre en relation avec eux, accueillant avec la plus exquise urbanité les médecins étrangers qui venaient suivre sa visite, parlant avec une facilité, une verve et une conviction qui attachaient et persuadaient son auditoire, Delpech a fondé à l'hôpital Saint-Éloi une véritable École Chirurgicale.

Avant lui, Montpellier avait incontestablement compté des chirurgiens éminents, Guy de Chauliac, Lapeyronie, mais qui n'avaient fait qu'y passer ; c'est Delpech qui, au moment où la Chirurgie brillait à Paris d'un si vif éclat entre les mains de Dupuytren, sut l'élever ici à un niveau au moins égal. Sa renommée peuplait son service, et son génie semblait agrandir le théâtre de ses travaux et de ses succès.

Aussi, pour ma part, me suis-je maintes fois demandé pourquoi c'était la statue de Lapeyronie et non pas celle de Delpech, qui sur le seuil de notre Faculté semblait personnifier la Chirurgie Montpelliéraine.

Si Lapeyronie est né et a professé quelque temps dans nos murs, il les a quittés pour aller ailleurs jouir de la faveur des rois. Delpech naquit à Toulouse ; mais à dater du jour où le concours l'appela à la chaire objet de son ambition, il demeura fidèle à sa patrie adoptive.

Et puis, aujourd'hui que l'heure de la postérité est venue pour ces deux hommes, il faut convenir que l'œuvre de Lapeyronie est bien pâle devant l'œuvre de Delpech.

Une des qualités dominantes de l'esprit de ce dernier, c'était l'indépendance. En veut-on la preuve, qu'on lise l'Avant-propos qui se trouve en tête du deuxième volume du *Mémorial* : on y trouvera le passage suivant, qui me paraît trop significatif pour ne pas mériter d'être rapporté tout entier :

«A l'issue de l'éclipse médicale qui finit à peine et durant »laquelle les traditions anciennes ont été presque entièrement »effacées, un grand nombre d'écrivains périodiques ressemblent à »des navigateurs désorientés à la suite d'une tempête. La plupart »désavouent une doctrine qui, comme tout autre, s'est trouvé un »cadre trop étroit pour renfermer l'ensemble de la science. Mais »tous promettent d'entrer dans les véritables voies, tout en adop- »tant des principes qui varient beaucoup de l'un à l'autre. En cet »état de choses, on demandera peut-être quelle est la couleur de »notre journal ? La question serait naturelle de la part de ceux qui »auront pris connaissance de nos travaux dans l'année qui vient de »s'écouler. Nous n'avons pas de bannière; l'École à laquelle nous »appartenons n'en a point non plus. Rien n'est moins estimable que »les efforts auxquels se livrent tous les jours les écrivains, même »les plus obscurs, pour persuader le contraire et pour couvrir de »ridicule une École dont les membres professent les opinions les »plus indépendantes et donnent une image assez fidèle d'un état ré- »publicain. Le temps d'une philosophie commune à tous les membres »d'une corporation est passé : le mouvement, la fermentation qui »agitent incessamment l'ensemble des sciences sont trop vifs pour »que l'on puisse ni adopter ni même présenter des principes géné- »raux, de ces larges bases sur lesquelles on peut placer les fonde- »ments d'une science ! Nous observons sans étonnement et avec un »grand intérêt, l'impatience, le dégoût que certains bons esprits »témoignent pour la constance assidue avec laquelle on étudie les »faits de détail : « L'observation est suffisante, disent-ils; il est »temps d'élever l'édifice ». Vaine présomption qui rappelle trop »l'histoire de la tour de Babel ! Qui nous donnera la clef de la phy-

»siologie ? Et sans la solution de cette énigme, comment garantir »qu'un corps quelconque de doctrine n'est pas un brillant men-»songe » ?

Ne semble-t-il pas qu'en rompant d'une manière aussi éclatante et aussi nette avec la tradition, l'auteur ait pressenti l'évolution féconde que devaient bientôt subir les sciences biologiques?

Je viens de citer, Messieurs, les principaux titres de gloire de Delpech ; je n'en finirais pas s'il me fallait les citer tous.

Quelle impression ineffaçable il a laissée dans l'esprit et dans le cœur de ceux qui l'ont connu, qui l'ont vu à l'œuvre ! Clinicien consommé, opérateur des plus habiles, il réunissait au suprême degré l'ensemble des qualités qui font le grand chirurgien, et à ces qualités professionnelles il joignait celles qui honorent l'homme et le citoyen et ajoutent à sa valeur ce complément indispensable sans lequel l'éloge est toujours imparfait.

Dans l'existence de Delpech, il n'y a rien à cacher, et ceux qui l'ont loué n'ont pas eu la triste préoccupation d'avoir à dissimuler des faiblesses, à excuser des défaillances.

La reconnaissance, ce devoir dont tant d'hommes s'affranchissent quand parle leur intérêt, il la poussa jusqu'à l'abnégation.

Accueilli, protégé par Boyer, il consentit, sur sa prière, à ne pas prendre part au concours institué pour donner un successeur à Sabatier, alors que son savoir et ses qualités brillantes lui assuraient de nombreuses chances de succès.

Dévoué à ses élèves et à ses malades, peu soucieux du soin d'acquérir des richesses, il dépensait en expériences, en recherches scientifiques, et plus encore en actes de bienfaisance ce que lui rapportait son immense clientèle.

Son illustration lui assurait une puissance dont il ne se servit jamais pour lui, mais qu'il utilisa toujours au profit de la dignité de son art et des intérêts de la Faculté.

Avant lui, les chirurgiens de notre hôpital ne pouvaient pratiquer une opération importante sans y être autorisés par les médecins. Delpech supprima cette humiliante sujétion.

Sur sa demande, l'enseignement de l'anatomie et de la physiologie, qui était réuni en une seule chaire occupée par Lordat, fut dédoublé, et, pour remplir la chaire d'anatomie, il fit désigner par le Ministre le Professeur Joseph Dubrueil, alors attaché à l'École de médecine navale de Toulon. Delpech, se trouvant dans cette ville, alla assister à une leçon de Dubrueil, qu'il ne connaissait pas, et qu'on lui avait signalé comme ayant une réelle valeur. Son attente ne fut sans doute pas trompée, car, au sortir de la leçon, il déclarait au professeur qu'il allait demander pour lui la création d'une chaire d'Anatomie à Montpellier.

Ce témoignage de haute estime est resté un des plus chers souvenirs de la carrière de mon père ; il avait voué à Delpech un culte d'admiration et de reconnaissance qui ne s'est éteint qu'avec sa vie. C'est pour moi un devoir de piété filiale que d'en redire ici l'expresssion.

Un dernier mot, Messieurs, avant de nous séparer. Oui, c'est honorer la mémoire des hommes illustres que de demander à la peinture ou à la statuaire de perpétuer leur image. Mais n'est-il pas vrai qu'on l'honore mieux encore en se rappelant leurs actes et leurs œuvres, et en cherchant, je ne dirai pas à les égaler, mais à les imiter ?

Que la vie de Delpech soit pour nous, à quelque niveau que nous soyons au-dessous de lui, un exemple et un modèle !

Que son souvenir toujours présent nous éclaire et guide nos pas vers ce but ultime et suprême de tous nos efforts : servir l'humanité !

Montpellier. — Typogr. BOEHM et FILS.

www.ingramcontent.com/pod-product-compliance
Lightning Source LLC
Chambersburg PA
CBHW060557050426
42451CB00011B/1962